MUSÉE DE ROUEN.

Salon de 1853.

REVUE DE L'EXPOSITION DE PEINTURE

DÉDIÉE A M. COCHINAT,

PAR GUSTAVE CLAUDIN.

PRIX : 1 FR. 50 C.

SE TROUVE A ROUEN :
Chez les principaux Libraires.

1853.

MUSÉE DE ROUEN.

SALON DE 1853.

MUSÉE DE ROUEN.

Salon de 1853.

REVUE DE L'EXPOSITION DE PEINTURE

par

M. GUSTAVE CLAUDIN.

ROUEN,
IMPRIMERIE DE H. RIVOIRE.

1853.

DÉDICACE.

À M. Victor Cochinat.

Préface de la Dédicace.

Avant de dédier ce travail sur le Salon à mon ami Cochinat, il faut expliquer d'abord comment une fois en sa vie il a été proclamé d'une force remarquable en peinture.

Il y a de cela un an, je me promenais avec lui sur les bords fleuris de la Seine, en rêvant à des choses bien innocentes, puisqu'il était question, autant que je me rappelle, des vers incertains et douteux de cette bonne Mme Deshoulières.

Phénomène remarquable, Cochinat, malgré mes provocations, me récitait peu de vers. Il était pensif et rêveur. Je le crus malade, mais il me détrompa bien vite en m'apprenant qu'il avait assisté la veille à un grand dîner de cérémonie, et que, là, il avait rencontré pour la première fois deux femmes charmantes, l'une blonde, coiffée en bandeaux ; l'autre brune, coiffée à l'anglaise. Selon lui, de telles perfections capillaires devant être chantées, non en prose, mais en vers, il avait conçu le projet de leur adresser un sonnet. Or, Cochinat ne récitait pas de vers, parce qu'il en composait lui-même, et il me condamnait à ce voisinage déplorable du poëte en mal d'enfant.

Il y avait environ un quart d'heure qu'il n'avait ouvert la bouche, lorsque sa distraction le précipita sur deux peintres paysagistes, ébauchant d'après nature la vue de la côte de Canteleu. L'élève, qui travaillait sous les yeux de son maître, avait, dans son esquisse, méconnu à tel point les lois de la perspective, que le fouet d'un charretier gravissant la côte, se trouvait placé sur le clocher de l'église de Canteleu comme un manche de drapeau. Le maître, exaspéré d'un tel barbarisme, se battait les flancs sans y parvenir, pour prouver à son élève qu'il n'y avait pas de talent possible sans la plus stricte observation des lois de la perspective.

Cochinat, arraché de sa rêverie par le bruit de cette démonstration, fut tout à coup saisi d'un élan magnifique. Bien que ne connaissant pas les deux artistes, il s'approcha d'eux, et, avec un air de supériorité superbe tout à fait digne de Rubens dans son atelier, il débita cette maxime à l'élève :

« Jeune homme, apprenez que la perspective est l'or-
« thographe de la peinture. »

Puis il s'éloigna.

Le maître, émerveillé de voir tomber du ciel le précepte si bien formulé après lequel il courait, essaya de questionner Cochinat. Peine inutile, le poëte ne daigna pas lui répondre.

Battu de ce côté, le peintre se retourna du mien; mais s'apercevant que je n'étais pas plus disposé à l'écouter, il se contenta de me dire :

« Vous avez, monsieur, un ami qui est bien fort en pein-
« ture. »

Une heure plus tard, Cochinat, de retour de sa promenade, rentrait chez lui, étudiait la procédure de la *folle-enchère*, oubliait ses deux dames, et n'écrivait pas son sonnet.

DÉDICACE.

─◁▸✦◂▷─

Voilà, mon cher Cochinat, le fragile témoignage qui m'engage à te dédier cette Revue de l'Exposition de peinture, dans laquelle il est question de tout, excepté de peinture.

Les sujets sont aujourd'hui tellement épuisés, et ensuite il faut tant écrire pour suffire à la consommation des lecteurs, que c'est une nécessité rigoureuse pour tout le monde de retourner les livres comme on retourne les habits. Mais en retournant un livre, on agit avec les pensées qu'il renferme, comme le roi Dagobert avec sa culotte, on les met à l'envers.

La fantaisie est née de cette opération.

Je sais bien qu'il existe encore à présent des esprits graves qui se figurent enfanter des livres qui n'ont jamais existé: Rien n'est plus insoutenable que cette prétention, devant laquelle ont d'ailleurs reculé tous les grands génies, témoin La Fontaine avec Phèdre, Racine et Corneille avec Euripide et Sophocle, Molière avec Aristophane, Béranger avec Anacréon.

Or donc, aujourd'hui, il faut être fantaisiste ou plagiaire.

La fatalité de cette alternative est d'ailleurs claire comme le jour. Ainsi, tout bien examiné, que sont en réalité les livres qui affichent les plus grandes prétentions ? Ou ces livres répètent ce que d'autres ont dit avant eux, ou ils disent le contraire sur un même sujet. M. un tel fait-il paraître, comme cela se voit souvent dans le *Journal des Débats*, « *une relation sur les peuplades sauvages de l'Afrique,* » c'est le voyage de Levaillant, orné des mêmes perroquets, des mêmes sanglantes aventures. M. un tel fait-il paraître dans le même journal *une étude sur saint Paul*, c'est la répétition textuelle d'un commentaire oublié. Et ces messieurs auraient grand tort de procéder autrement, car ils sont bien sûrs de trouver un troisième monsieur de leur école, qui fera tout exprès un article pour prouver qu'ils ont l'esprit très-sain, le jugement très-sûr et l'imagination très-vive.

Si, au contraire, ces mêmes messieurs s'étaient avisés l'un de rencontrer en Afrique d'autres perroquets que M. Levaillant, l'autre d'attribuer à saint Paul une intention différente, vite on les taxerait de fantaisistes, et leur compte serait bientôt fait. Est-ce que cela n'est pas arrivé à Dumas ?

Ainsi, parce qu'il n'a point vu l'Italie avec les yeux de M. Dupaty, la Suisse avec yeux du guide du voyageur, l'histoire de France avec les yeux de M. Anquetil, c'est un homme léger, un fantaisiste, un médicament recommandable aux convalescens, mais indigne de l'esprit d'un homme sérieux et bien portant.

L'histoire, la philosophie, le roman, la poésie, la critique, sont tous fatalement condamnés à la fantaisie, parce que, dans chacun de ces genres, les formes, les certitudes, les probabilités ont été épuisées. La critique surtout n'a plus d'autre route à suivre. Que demain il surgisse au théâtre, à côté de Rachel, un Talma et un Fleury, que pourrait faire la critique, sinon de répéter les conseils, les louanges et les blâmes formulés par Fréron et Jeoffroy ?

De nos jours, Jules Janin et Théophile Gautier ont voulu se soustraire à cette pâle nécessité. Qu'en est-il résulté ? C'est qu'Alexandre Dumas a créé tout exprès son journal du *Mousquetaire*, pour reprocher à l'un d'être un fantaisiste, et à l'autre d'être un orfévre. Ce reproche, je l'étends jusqu'à toi, mon cher Aristarque, car, en lisant ta critique théâtrale, j'ai constaté que tu étais fantaisiste par les périodes imprévues, et orfévre par ta façon gracieuse d'encadrer les mots. Tu as dit à la *Petra Camara* que sa danse était *cantharidée*. Dans le chapelet de ta phrase, ce mot brillait comme un *saphir*. Donc tu es orfévre.

En peinture, la critique doit procéder comme en littérature. Pour rendre compte d'une exposition de peinture, il n'y a que deux moyens : amplifier le livret ou se jeter dans la fantaisie. Hélas ! j'ai cédé au charme de cette enchanteresse, et, comme après tout, je n'écrivais pas pour les élèves de l'école de Rouen, j'ai laissé courir ma plume, admirant ce qui était beau, riant de ce qui était laid, et tenant compte même des bonnes intentions.

Je te dédie mon travail, d'abord parce que tu as été proclamé devant moi très-fort en peinture, puis, pardonne-moi ce jeu de mots, parce que les flots de soleil tombés sur ton berceau ont fait de toi un *homme de couleur*. Consulte ton miroir, et tu verras qu'il est du même avis que ton ami.

Gustave CLAUDIN.

REVUE DE L'EXPOSITION.

I.

Un écrivain qui a causé quelques soucis aux peintres de notre époque, M. Théophile Gautier, a dit dans la préface de *Mademoiselle de Maupin* : « Qu'un critique qui n'a rien produit, est un « lâche, comme un abbé qui courtise la femme d'un laïque; ce- « lui-ci ne peut lui rendre la pareille, ni se battre avec lui. » Cette réflexion explique parfaitement l'embarras que nous cause le trop fréquent exercice du droit de critique. Nous voudrions qu'il fût possible aux amours-propres, chatouillés ou froissés par nos arrêts, de prendre la plume et de traduire carrément leur sentiment à notre égard. Nous redouterions peu cette épreuve, par la raison que la presse rouennaise est quelque peu laudative de sa nature, et qu'il lui arrive bien rarement de faire sentir sa rudesse à ceux auxquels elle se frotte. On peut dire, sans froisser aucunement cette part de modestie, qu'il est d'usage et de bon goût de posséder, que la presse est une bonne fille qui aime à *rire quelquefois*, et à *chanter toujours*.

Et d'ailleurs, ne sommes-nous pas fixé sur l'effet produit par la critique? Nous devons cette révélation à M. Bujon, qui a exposé, sous le n° 58, un tableau intitulé : *Les artistes lisant la critique de l'exposition de Rouen*. C'est là, il faut en convenir, une excellente idée sur laquelle nous nous proposons de dire notre pensée tout entière avec une franchise égale à celle de ce soldat de tragédie qui ne savait point *farder la vérité*.

On a écrit des livres pour prouver que la critique ne pouvait ni inventer, ni étouffer une réputation. Ce sujet est tellement élastique, qu'il permet à une imagination quelque peu exercée de soutenir indistinctement le pour et le contre. *In medio veritas*, a dit le sage. Reste à savoir si, dans la circonstance, il existe un milieu. Nous croyons qu'il en est un peu des critiqués comme des plaideurs. Il ne reste, en réalité, aux uns et aux autres, qu'un seul droit bien clair : celui de maudire leurs juges.

La critique est vieille comme le monde. On prétend qu'elle fut inventée par Alcibiade, au moment où il coupa la queue de son chien. Un auteur allemand, très-fort sur l'antiquité, a constaté sa présence dans l'arche de Noé; mais un auteur anglais, encore plus fort sur cette même antiquité, l'a découverte dans le paradis terrestre. Le serpent s'en servit pour amoindrir aux yeux d'Eve le mérite d'Adam, son époux. La pomme ne fut acceptée qu'à l'aide de ce stratagème. C'est depuis cette époque que les femmes, éprises d'une aveugle irréflexion, se montrent si sévères pour ceux qui sont leurs maris, et si indulgentes pour ceux qui ne le sont pas.

Ce malentendu, que la succession des siècles n'a pu dissiper, prouve quelle circonspection on doit apporter dans les jugemens et les appréciations qui concernent notre prochain. Midas n'a jamais porté des oreilles d'âne. Un de ses ennemis s'est écrié qu'il en portait. Ce cri a été répété, puis inséré dans un chapitre de la mythologie. Ce chapitre, expliqué aux élèves par les professeurs, a été retenu, si bien que, tous les ans, la société est gratifiée d'une génération de jeunes bacheliers qui croient fermement que Midas a porté des oreilles d'âne. Il court de par le monde beaucoup de préjugés qui n'ont pas d'autre origine. La mission de la critique est de les faire disparaître. Par malheur, chemin faisant, au lieu de saper les erreurs, il lui est arrivé de les propager et de les grossir. Nous ne nous chargeons pas de remédier à ce vice inhérent à sa nature. Nous avons voulu simplement, en le mettant en relief, rappeler son injuste et redoutable puissance; puis, mettant un terme à notre prolixité, rentrer à l'exposition et n'en plus sortir.

A tout seigneur tout honneur. Or, puisqu'il se trouve dans une exposition de Normandie la grande figure de Guillaume-le-Conquérant, nous commencerons par elle. M. Laugée, artiste né à Maromme, a exposé la mort de ce héros justement célèbre. La dimension de cette toile prouve que l'auteur a voulu composer une grande page d'histoire, mais il y a dans l'arrangement du tableau un désordre si singulier, que nous croyons devoir reproduire le passage suivant, emprunté à l'histoire de M. Augustin Thierry, et insérée par l'artiste sur le livret :

« ... On le transporta malade à Rouen, et de là dans un mo-
« nastère, hors des murs de la ville, dont il ne pouvait supporter
« le bruit...; il languit durant six semaines... Le 10 de septem-
« bre, au lever du soleil, le roi Guillaume fut éveillé par un
« bruit de cloches, et demanda ce que c'était : on lui répondit
« que l'office de prime sonnait à l'église de Sainte-Marie. Il leva
« les mains en disant : « Je me recommande à madame Marie, la
« sainte Mère de Dieu, » et presque aussitôt il expira. Ses méde-
« cins et les autres assistans, qui avaient passé la nuit auprès
« de lui, le voyant mort, montèrent en hâte à cheval, et couru-
« rent veiller sur leurs biens. Les gens de service et les vas-
« saux de moindre étage, après la fuite de leurs supérieurs,
« enlevèrent les armes, les vases, les vêtemens, le linge, tout le

« mobilier, et s'enfuirent de même, laissant le cadavre presque
« nu sur le plancher. Le corps du roi demeura ainsi abandonné
« pendant plusieurs heures, car, dans toute la ville de Rouen,
« les hommes étaient devenus comme ivres, non pas de douleur,
« mais de crainte de l'avenir...

« *Enfin, des gens de religion, clercs et moines, ayant repris
« leurs sens et recueilli leurs forces, arrangèrent une procession.
« Revêtus des habits de leur ordre, avec la croix, les cierges et
« les encensoirs, ils vinrent auprès du cadavre, et prièrent pour
« l'âme du défunt.* »

L'exactitude historique est une belle chose en peinture, et il faut savoir gré à un artiste d'en tenir compte scrupuleusement; mais nous sommes de cet avis, qu'on doit, en certains cas, la négliger, quand surtout sa triste observation est un péril plutôt qu'un avantage. M. Laugée prouve bien, d'après M. Augustin Thierry, que le cadavre de Guillaume gisait à terre sans respect ni pour le roi ni pour la mort ; mais n'aurait-t-il pas dû, dans la composition de sa toile, placer le cadavre dans une posture plus convenable, enlever les draperies qui cachent ses formes athlétiques, et renoncer à ce plan trop incliné qui relègue son visage dans le vague du terre-à-terre ? Il s'agit de la mort de Guillaume. Soit. Mais c'est à peine si on le distingue dans un coin, tandis qu'on découvre immodérément la face rebondie des moines récitant des prières. Si M. Laugée avait peint Hector traîné dans la poussière de Pergame, nous aurions compris cette profusion du terre-à-terre.

Il faut, du reste, reconnaître que ce tableau, quoiqu'un peu vague dans son ensemble, révèle un certain entendement de la peinture historique. Les dimensions sont bien prises et les personnages ont cette ampleur qui convient à ce genre difficile.

M. Legenisel, de Paris, a exposé, sous le n° 222, une petite toile intitulée : *Nature morte*. Nous nous demandons, en conscience, ce que, dans l'esprit de l'auteur, peut signifier un groupe composé d'une grappe de raisin, d'une pomme, d'un cantique à la

Vierge, d'une pipe culottée, d'un manche de guitare, d'un livre de poésie, et de divers autres objets, tous plus étonnés les uns que les autres de se trouver ensemble. Ce tableau est un fort laid désordre, qui ne peut avoir d'autre destination que de prouver aux domestiques chargés de ranger un appartement, toute l'horreur du chaos que leur négligence pourrait produire. A l'exception de ce but, nous défions l'auteur lui-même de nous expliquer celui qu'il s'est proposé. Nous invitons donc les domestiques négligens à s'en aller méditer devant cette toile, afin de puiser dans ce désordre l'amour du rangement.

Pour reposer ses yeux, nous engageons le visiteur à se transporter dans la salle du Poussin, devant le n° 306, et d'examiner, avec toute l'attention qu'il mérite, le profil de la charmante jeune fille qui adresse sa prière à la madone. Cette toile, envoyée par M. Serrur, de Paris, est une œuvre sans prétention et d'une exquise simplicité. Il y a dans le maintien de cette image quelque chose de très-gracieux. Ce sont bien là ces chastes regards et ces lèvres de grenade qui savent distiller la prière infaillible, et sur lesquelles butinera toujours la poésie.

Ce genre de sujet est vraiment la gloire de la peinture. Le style peut exceller à décrire une bataille, à raconter une aventure, et, pour y arriver, une plume vaut un pinceau; mais quand il s'agit de traduire à la foule ces images splendides et charmantes, que l'inspiration fait voltiger dans la tête des poëtes, le pinceau l'emporte sur la plume, et le peintre, mieux secondé, fait apparaître sur la toile une sorte de réalité, qu'on demanderait en vain à des stances et à des strophes. La poésie n'est qu'un rêve, la peinture est une découverte; le poëte cherche, le peintre trouve.

II.

Il nous faut tout d'abord réparer l'erreur involontaire que nous avons commise, hier, à l'égard de M. Bujon. Ce n'est pas sur une toile, mais bien dans un groupe en terre, qu'il a représenté *Les artistes lisant la critique de l'exposition de Rouen*. Autant qu'il est permis d'en juger par le sourire béat qui effleure les lèvres des personnages de ce groupe, ils sont très-satisfaits de la critique. Sous les boucles frisées de cette coupe de cheveux qui désolent les coiffeurs, mais que les peintres affectionnent, ces messieurs rayonnent et jubilent, et semblent exprimer, dans leur attitude terreuse, qu'ils sont enchantés des louanges et des encouragemens qui leur sont adressés. Ce stratagème est vraiment fort habile, et M. Bujon, en l'employant, était bien certain de mettre la critique en demeure de se prononcer sur son compte.

Et en effet, comment ne pas répondre à cette indirecte provocation? Nous dirons donc à M. Bujon que son *Christ*, sa *Madeleine*, sa *Famille en état d'ivresse* sont des choses charmantes, qui révèlent un incontestable talent.

Il a fait encore le portrait de S. M. l'Impératrice. Nous ne discuterons pas cette œuvre, par la raison que la figure éblouissante de cette gracieuse souveraine réclame indispensablement la sévérité du bronze ou la blancheur du marbre.

Mais nous avons déjà trop différé pour aborder le point le plus périlleux du travail que nous avons entrepris. Il faut nous armer de courage, et oser regarder en face le grand artiste que les hasards capricieux de ce monde ont fait notre justiciable. Parlons donc de M. Court, et, pour rester dans le vrai, soyons de son avis en peinture. Cette recette est infaillible pour faire de la bonne critique. S'il nous arrive, chemin faisant, de reprocher à ce talent supérieur quelques légères imperfections, nous nous ferons absoudre de cette témérité, en lui rappelant qu'il y a des taches jusque sur le disque du soleil.

M. Court a exposé le portrait du pape, ceux de Mme la comtesse de B..., de M. Henry Barbet, de M. Thévenin, ancien président du tribunal de commerce, et de M. l'abbé Coquand, secrétaire de Mg^r l'archevêque de Paris. Il a en outre exposé Fleur-de-Marie et une tête de femme d'une idéale beauté.

Après ses grands succès académiques obtenus à Paris et à Rome, on pensait fermement dans le monde artistique que M. Court consacrerait toute sa vie à la peinture historique. Gros, dont il est l'élève, le croyait tout le premier, lui surtout qui, lorsque la critique le jugeait trop sévèrement, n'appelait point ses tableaux à son secours, mais se plaisait à dire avec orgueil qu'il avait fait Court. Ce compliment est historique, et il est en même temps si mérité, que nous avons saisi l'occasion de le rappeler.

Il y a dans les musées de l'Europe quelques œuvres magistrales qui sont là pour attester ce dont M. Court est capable. Aussi, nous ne lui en voulons nullement d'avoir cédé à l'irrésistible tentation de peindre les belles dames, qui, de leur côté, ont tout fait (et elles sont si puissantes) pour éclipser, dans l'esprit de l'artiste, l'éclat de l'histoire par celui de leur beauté. La mode se mit également de la partie, et on considéra bientôt comme une prouesse de se faire peindre par Court. Sa palette devint une sorte d'onde dans laquelle, comme Narcisse, toute jolie figure voulut absolument se mirer, G âce à cette mode, la generation future connaîtra ses ancêtres tels qu'ils étaient avant d'avoir subi l'irréparable outrage du temps.

Le portrait de Pie IX est peint avec une supériorité de touche et une richesse de couleur qui charment et saisissent les yeux. Les ornemens religieux sont groupés autour du pape avec un goût irréprochable. La main, trompée par la désolante exactitude, s'avance pour saisir les reliefs qui semblent s'échapper de la toile. On pourrait peut-être reprocher à la figure du pape d'être trop jeune; mais il y a dans ses regards une mansuétude evangélique qui est l'expression la plus poétique et la plus orthodoxe à la fois du vicaire de Jésus-Christ sur la terre. On pourrait dire, en observant bien attentivement cette figure, que la sainteté voltige en auréole autour d'elle.

Oui, la figure du pape est trop jeune, mais M. Court l'a pour ainsi dire ravie dans les trop rapides instans pendant lesquels il lui a été possible de la contempler.

Une œuvre vraiment remarquable, c'est le portrait de Mme la comtesse de B... Il y a, dans l'expression spirituelle de ces lèvres nobles et pincées, dans ces yeux intelligens et vifs, une hardiesse de touche si intense, que la peinture, arrivée à ce degré supérieur, devient une sorte d'incarnation ; ce n'est pas un portrait, c'est la personne elle-même qui s'incruste sur la toile, comme une image sur le disque d'une glace.

Le portrait de M. Thévenin est également fort ressemblant. Celui de M. Barbet n'est pas encore exposé.

Mais voici venir *Fleur-de-Marie*, cette perle trouvée par l'imagination d'Eugène Sue dans un fangeux ruisseau. Affublée de ses haillons, elle apparaît pour prouver peut-être que la beauté n'est qu'un don vulgaire prodigué par le hasard au grabat comme au palais. Les boucles soyeuses de ses cheveux blonds se dilatent

— 22 —

avec une grâce qui confond et désole les calculs des coiffeurs. Ses yeux bleus reflètent cette sérénité de la fille naïve et simple que fait sourire un rayon de soleil, et son front, qui ne donne point asile aux passions qui le plisseraient, resplendit d'une pureté sans égale. Elle tient dans ses mains un rival, c'est à dire un rosier.

M. Court, ainsi qu'on le voit, s'est identifié complétement avec son sujet, et nous a montré ce type délicat et souffrant dans toute sa poésie. Heureux le poëte ou l'écrivain qui voit plus tard la fille de ses rêves surgir de la palette du peintre, comme Vénus autrefois de l'écume de la mer. *Fleur-de-Marie* n'a jamais existé; mais, grâce à M. Sue qui l'a décrite et à M. Court qui l'a peinte, elle va prendre place, dans cette famille idéale, à côté de *Marguerite*, de *Juliette*, de *Virginie* et de *Blanca*.

Rien n'est plus charmant que ce tableau. Nous ne savons pas où M. Court a pu découvrir la merveille qui a posé devant lui. La figure de *Fleur-de-Marie* était d'autant plus difficile à peindre, qu'on y rencontre cette pâleur maladive et ces reflets incertains qui excluent cette exubérance magnifique que Rubens répandait à profusion sur les joues de ses femmes et qui lui fournissait cette richesse de coloris et ces carnations célèbres qui forment une partie de sa gloire. Les mains de *Fleur-de-Marie* ne sont pas finies. Elles sont trop grosses. Mais M. Court a peut-être voulu rappeler ainsi que la pauvre fille ignorait l'usage des gants, des pâtes émollientes, et de tous les raffinemens de la coquetterie.

Toutes les disputes littéraires existent en peinture. Il y a une certaine école qui a reproché à M. Court de trop retoucher ses tableaux et d'attacher trop d'importance aux détails. Ces reproches ont été formulés par des artistes qui peignent à coups de lance et qui pensent que l'art consiste à ébaucher vaguement et à grands traits la silhouette des images. En littérature, les partisans de ces idées ont reproché à Racine sa correction et sa pureté. C'est à dessein que nous avons groupé ces deux reproches. Certes, M. Alfred de Musset est un charmant poëte. Il y a dans ses vers un désordre d'idées, un fracas de mots ravissans ; mais ces avantages ne concluent nullement contre la sérénité de Racine. Eh bien ! en peinture, M. Delacroix est sans contredit très-superbe. Son pinceau est d'une hardiesse merveilleuse. Nous lui rendons justice, mais cette hardiesse ne conclut pas davantage contre l'exactitude scrupuleuse de M. Court.

Il y a des voisinages si redoutables, que nous croyons devoir d'un seul bond sauter de *Fleur-de-Marie* au n° 262, intitulé : *Déjeuner des Cygnes*. On aperçoit, sur le bord émaillé de fleurs d'une pièce d'eau, deux cygnes auxquels émiettent du pain deux dames pourvues d'ombrelles claires et de sombre tristesse. Ces deux dames auraient exterminé toute leur famille et dissipé leur patrimoine, qu'elles ne pourraient trouver une expression de figure plus lamentable. Pourquoi cette tristesse ? Est-ce que ces dames seraient jalouses des cygnes et voudraient, comme Léda, disparaître sous leur blanc plumage, puis être aimées du volage Jupiter ? Ceci est un mystère que l'auteur de ce tableau a rendu très-supposable.

Le tableau portant le n° 266 représente des *Arabes en voyage*. Ce peuple, si l'on s'en rapporte à l'artiste, doit être visité chez lui, condition assez difficile à exiger d'un peuple nomade. Ce qui nous fait exprimer ce désir, c'est la laideur ou plutôt le ridicule des personnages qui apparaissent sur cette toile. Qu'on se figure une nourrice volumineuse et voilée perchée sur le sommet escarpé de la bosse d'un chameau, puis, à côté d'elle, un Arabe ressemblant pas mal à ce modèle de pipe vendu par les marchands de tabac, *sous prétexte* d'Abd-el-Kader. L'Arabe est à cheval. Or, cheval et chameau s'avancent comme un cortége de carnaval. Où vont-ils ? Je n'en sais rien, et je n'ai pas envie de les suivre.

III.

En critiquant, dans notre précédent article, le tableau exposé sous le n° 262, intitulé : *Déjeuner des Cygnes*, nous avons commis une erreur qu'il importe de réparer et qui dénote de notre part une faiblesse déplorable en mythologie, ou plutôt un oubli complet des fables invraisemblables amoncelées dans ce livre. Nous avons attribué aux deux dames qui figurent dans ce tableau le désir d'être transformées en cygnes, faisant ainsi allusion aux fredaines de Jupiter et de Léda. Or, on sait que ce fut Jupiter et non Léda qui prit cette forme. Notre plaisanterie péchait donc par la base. Il est vrai qu'il nous est fort aisé de la maintenir. Il suffit pour cela d'attribuer la sombre tristesse des deux dames en question au regret de ne pas rencontrer le maître des dieux sous le plumage des volatiles auxquels elles donnent à manger.

Ce point éclairci, poursuivons notre tâche.

Le musée de Rouen compte un admirable tableau de plus. Nous voulons parler du *Métier de Chien*, donné à la ville par l'Empereur. Cette toile, de Stevens Brux, représente un petit chariot,

Le tableau portant le n° 184, *Théâtre dans un parc, à Caumont* (Eure), appartenant à M. Poupart, est destiné, avec quatre autres vues commandées à M. Hostein, qui n'a pu les terminer assez tôt pour les placer à l'exposition, à décorer le salon du château de la Pommeraye, à Berville-sur-Mer. Ces cinq tableaux ont été commandés à M. Hostein par un docteur ami des arts et des lettres, qui est de cet avis, que nous partageons, que la peinture est à la décoration d'un appartement ce que les diamans sont à la toilette d'une femme.

Il y a dans ce paysage beaucoup de profondeur et de lumière. Le feuillage des arbres semble frémir. La Seine, qui serpente dans le lointain, se déroule avec beaucoup de naturel. Les personnages qui animent cette toile sont très-heureusement placés. Enfin, l'ensemble de ce tableau représente avec beaucoup d'exactitude et de vérité ces endroits ombragés, mystérieux et ravissans qu'on ne rencontre que dans les parcs, et dans lesquels les heureux de ce monde vont se reposer du bruit fatigant de la ville et du fracas des affaires.

Le ciel et les groupes de verdure du premier plan sont, comme couleur, d'un excellent ton. Le vaste panorama du second plan est très-correctement indiqué.

Sous le n° 186, M. Hostein a représenté la mare du Petit-Quevilly, appartenant à M. Émile Malétra. Ce paysage embrasse un des sites les plus charmans des environs de Rouen. Les maisons du village, couronnées par le modeste clocher de l'église, se déroulent en face d'un buisson de verdure. On aperçoit la cîme de grands arbres qui abritent, de leur végétation plantureuse, de paisibles retraites favorables à la rêverie. Le premier plan est occupé par une pièce d'eau limpide et claire, dans laquelle se reflète la silhouette de peupliers d'Italie.

Il règne, dans la composition de ce paysage, un sentiment de gaîté qui réjouit l'œil. En outre, les tons et les nuances du feuillage et de la côte de Canteleu, qu'on aperçoit dans le lointain, sont d'une vérité et d'une exactitude parfaites.

Nous sommes peu champêtre de notre nature. Si nous ne craignions d'insulter aux belles choses que M. Hostein sait si bien mettre en relief dans ses paysages, nous dirions, avec Voltaire, que la campagne est pour nous le premier des plaisirs insipides. Qu'on juge de notre embarras pour chanter et décrire les magnificences de feuillage, les splendeurs de ciel, les fantaisies de perspective que M. Hostein embellit avec son pinceau! Ainsi nous ne mentionnerons que pour ordre son *Paysage en Vendée* et son *Chemin creux* du même pays. Ces deux toiles, ainsi que celle qui représente la fabrique de M. Harel, au Mont-Riboudet, se disputent les visiteurs.

Parlons maintenant de ses portraits.

Celui de Puget, qui a figuré à l'exposition de Paris, représente ce chanteur dans le rôle de *Lucie*. La ressemblance est frappante. En outre, il y a dans les yeux de l'artiste, dans le tumulte de sa chevelure, que le vent soulève, une sorte de couleur locale qui rappelle le héros de Walter Scott.

Sous le n° 184, M. Hostein a exposé le portrait d'une charmante demoiselle, sur les épaules de laquelle flotte un burnous blanc semblable à ceux que les élégantes de Paris mettent au sortir de l'Opéra ou des Italiens. Les lignes du visage sont accusées avec une vigueur qui donne à ce portrait beaucoup de physionomie. Quant à l'auteur, il s'est fait d'une ressemblance qui ne laisse rien à désirer. Le portrait de M. le préfet n'est pas encore exposé, mais il le sera, dit-on, très-prochainement.

En résumé, M. Hostein a pris à l'exposition une part très-brillante. Il y a dans les galeries du salon dix toiles signées de lui, qui prouvent qu'il excelle pour le paysage et pour le portrait, ce qui dénote une grande flexibilité dans la nature du talent de cet artiste.

M. Melotte a exposé trois œuvres remarquables. Les personnes qu'il a peintes sont désignées au livret par des initiales, mais le talent de M. Melotte donne à ces initiales une transparence indiscrète. Les lycéens, en passant devant M. C..., se chargent de compléter les lettres qui manquent à l'appel.

Le portrait de Mlle G... (n° 344) est une œuvre charmante. La figure de cette belle petite fille exprime bien ce calme superficiel prêt à s'envoler, le seul qu'un artiste puisse ravir à la vivacité de l'enfance. M. Melotte a saisi et rendu cette nuance délicate d'une façon qui fait le plus grand honneur à son talent.

Les portraits de M. C... et de M. M... sont aussi deux fort belles œuvres, habilement dessinées et d'un coloris brillant sans exagération. Les deux personnages sont posés d'une façon qui témoigne du goût exquis de M. Melotte.

Que signifie la religieuse exposée sous le n° 120 ? Un perroquet est perché sur son doigt ; c'est *Vert-Vert*. Il mange des dragées que la religieuse lui donne, non pour flatter sa gourmandise, mais pour lui fermer le bec, et épargner à ses chastes oreilles les mots violens de son répertoire. On conviendra qu'il faut être bien dépourvu de sujet pour traiter celui-là. *Vert-Vert* et le *comte Ory* sont deux héros usés et passés de mode. Une religieuse est une femme respectable qu'il serait de bon goût, ce nous semble, de soustraire, même en peinture, aux gentillesses de ces deux personnages qui n'ont plus de prestige que dans la rue des Lombards, pour décorer les friandises sucrées, offertes aux baptêmes et au jour de l'an.

Le n° 29 du livret indique la *Tentation de saint Antoine*. Voilà un sujet qui, par son originalité, est le digne pendant de *Vert-Vert*. Saint Antoine est en prière, et nous concevons parfaitement que la beauté suspecte placée près de lui n'ait pas la puissance de le distraire. Le diable, qui est caché dans un buisson, y perdra son latin et le verre de vin qu'il offre à cette femme. Il est impossible d'imaginer rien de moins biblique que ce tableau, rien de moins tentateur que cette femme, rien de moins diabolique que ce diable honteux blotti dans le feuillage.

Tout près de cette *Tentation*, nous trouvons, sous le n° 85, un *Petit Pont des Caravanes*, près Smyrne. Sur ce pont, qui n'est pas celui d'Avignon, des chameaux défilent comme des capucins de carte. Leurs bosses alignées éveillent dans l'esprit le souvenir de *Polichinelle*. Sur le bord de la rivière qui passe sous le pont, on aperçoit pour toute végétation un Turc, avec un turban d'une telle dimension, qu'il serait impossible à ce Turc, s'il tombait à l'eau, de pouvoir nager. Il est vrai de dire que M. Couveley, auteur de ce tableau, a pris sa revanche dans deux autres toiles assez bonnes, représentant le *Humboldt* et le *Franklin*, bateaux à vapeur qui font le service du Havre à New-York.

L'exposition comptera aujourd'hui un tableau de plus, envoyé par un artiste que nous aimons et que nous regrettons tous, M. Bellangé.

III.

« L'ennui naquit un jour de l'uniformité. »

Ce vers, qu'un caprice de mémoire rappelle à notre esprit, nous avertit, fort à propos, d'apporter, s'il se peut, quelque variété à ce travail uniforme, qui consiste à sauter d'un tableau à un autre, et à passer d'une dissertation sur le coloris à une démonstration de la peinture. Diderot, qui a laissé un nom célèbre dans les fastes de la critique, et qui, lui aussi, de son temps, rendait compte des expositions de peinture, observait scrupuleusement cette règle, et plutôt que de devenir monotone, il ne parlait plus des tableaux. A propos d'un héros, il écrivait une page d'histoire. S'il étudiait un tableau mythologique, et ce genre prédominait alors, il racontait les amours des nymphes et les larcins accomplis par les demi-dieux, à l'ombre des lauriers-roses. Enfin, s'il découvrait un paysage, il s'empressait de composer une bucolique.

Nous serions très-heureux de l'imiter. Mais on nous pardonnera de ne point entreprendre une tâche trop lourde pour nos épaules. Nous aurons donc recours à un autre moyen. Nous exercerons notre critique à l'égard d'une femme, mission qui doit modifier nos allures et bannir bien loin ces expressions un peu sévères qu'il arrive parfois d'adresser aux artistes du genre masculin.

Mlle Célina Lefebure a exposé trois tableaux. Avant que de les analyser, nous devons dire quelques mots sur la situation exceptionnelle dans laquelle est, à nos yeux, placée toute femme qui saisit une plume ou un pinceau.

J'aime et j'adore Mme de Staël, et je trouve qu'elle a été bien inspirée d'écrire ; mais je déteste toutes les pâles imitatrices auxquelles le ridicule dont elles se sont couvertes, a si justement mérité le surnom de *bas-bleu*. Il y avait des *bas-bleus* sous Louis XIV. Mme de Sévigné et Mme Deshoulières sont les modèles du genre. Je sais bien que cette opinion soulève des tempêtes toutes les fois qu'on la soulève. Peu importe, si on est de force à la justifier. Lorsqu'on arrive en rhétorique, l'homme grave qui vous apprend à écrire, celui qu'on charge de vous prodiguer ce qu'on appelle vulgairement un style fleuri, vous fait absorber les chefs-d'œuvre de la littérature. Mme de Sévigné figure dans le catalogue, comme échantillon de style épistolaire. Eh bien ! j'ai lu sans prévention ses lettres à sa fille et au comte de Grignan, et il m'a été impossible de trouver, dans la collection, un seul mot qui vaille la peine d'être retenu. Cette correspondance est un *posage perpétuel*. Mme de Sévigné tient absolument à passer pour la plus tendre des mères. Elle est trop verbeuse pour avoir jamais possédé cette sublime vertu.

La grande amitié doit être muette, comme les grandes douleurs. L'amour a seul le droit d'être diffus. Aussi j'ai toujours cru que Mme de Sévigné avait fait parade d'un sentiment qui, en réalité, dans le fond de son cœur, était plus près de la tiédeur que de l'exagération. Vingt fois mon professeur, simulant un enthousiasme qu'il n'éprouvait pas, a tenté de m'enflammer. Je suis resté froid en face de sa menteuse exaltation. Il en a été de même depuis, toutes les fois qu'un champion téméraire de ce génie en jupon a voulu m'expliquer sa supériorité.

Alexandre Dumas a dit à ce sujet un mot très-vrai, que voici : « Beaucoup de gens n'ont lu quatre lettres de Mme de Sévigné que pour avoir le droit de répéter toute leur vie : *Comme disait Mme de Sévigné.* » Je rappellerai, à l'appui de la justesse de cette observation, que, généralement, les discussions qui s'engagent à propos de cette femme ont lieu entre des gens qui ont *peut-être* lu, mais *certainement* oublié ses lettres, et qui seraient incapables d'en citer une seule phrase, à l'exception peut-être de la *monnaie* de M. de Turenne, mot heureux qui n'est pas de Mme de Sévigné, et de la lettre sur le mariage de M. de Lauzun, qui n'est, tout bien pesé, qu'un entassement ridicule d'adjectifs discordans, aboutissant à quoi, je vous le demande ? à une phrase saugrenue comme un couplet de M. de la Palisse. Il n'y avait qu'une seule chose à répondre à Mme de Sévigné pour faire tomber tout le bruyant échafaudage de sa correspondance et pulvériser son niais étonnement : c'était de lui rappeler ce dicton selon lequel *on a vu des rois épouser des bergères*. Cette réponse eût réduit à des proportions ordinaires l'union de M. de Lauzun ; mais la critique, trop indulgente pour Mme de Sévigné, a préféré lui prodiguer l'encens et proclamer par-dessus les toits que cette femme épistolaire avait abusé de l'esprit dans la circonstance.

Quant à Mme Deshoulières et à *ses charmans moutons des bords fleuris de la Seine*, je n'en dirai rien. Lorsque, comme elle (qu'on me permette cette expression que je déteste, et dont je prie humblement le lecteur de m'absoudre), on a eu le *toupet* d'écrire de détestables sonnets contre la *Phèdre* de Racine, on doit rester enfoui dans le silence et l'oubli, qui ne sont pas encore un châtiment proportionné à la faute.

Le désappointement que m'a causé la lecture de ces deux dames de lettres, fait que j'ai toujours tenu en suspicion les femmes qui ont voulu gravir le Parnasse ou augmenter le nombre des livres empoudrés dans les bibliothèques et les cabinets de lecture. Et cependant je suis naturellement porté à croire que la femme est pétrie d'un limon plus délicat et plus fin que l'homme. J'ai cherché longtemps cette contradiction. Alphonse Karr et Toussenel se sont chargés de me la faire comprendre. Selon ces deux grands observateurs, la femme est moins forte que l'homme en géographie et en thème, et partant moins apte à faire des livres ; mais quand, par une disposition naturelle, elle est douée d'une tendance artistique, comme de peindre, de sculpter, ou de chanter, alors elle lui est bien supérieure, parce qu'elle sème à profusion, dans toutes ses œuvres, les paillettes frémissantes de sa beauté, les reflets mystérieux de sa délicatesse. Le sentiment de la forme, qui joue un si grand rôle en peinture et en sculpture, procède pour ainsi dire chez elle de l'incarnation. Le modèle, c'est elle-même, et en admettant qu'elle ne brille pas de ce côté, il lui est très-facile, en vertu d'une faculté qui se comprend plus facilement qu'elle ne s'explique, de rectifier ce qu'il peut y avoir de défectueux.

Il n'y a rien d'absolu dans ces remarques consignées par les grands observateurs que l'amour de l'étude a fait errer dans les inaccessibles régions habitées par la philosophie de l'art. Permis aux esprits positifs de les souiller de leur sceptique dédain. Ne croit pas qui veut ; bienheureux celui qui croit, a dit l'Evangile. Il y a dans ces simples paroles de quoi mettre d'accord les illuminés et les réalistes, les natures qui planent et les natures qui rampent, ce qui prouve qu'un verset de l'Evangile embrasse à lui seul toute la distance qui sépare les étoiles des insectes.

C'est un très-grand tort que de vouloir imposer son opinion aux autres. Aussi je déclare que mon intention n'est de violenter l'esprit de personne, et que je pardonne de grand cœur à ceux qui aiment Mme de Sévigné et les dames de lettres. Je crois que la mission de la femme, sur la terre, n'est pas d'écrire, mais d'inspirer les poëtes et les artistes, et de les charmer par leur grâce et leur beauté. Une rose ne dit rien à celui qui la cultive. Tous les hommages sont faits pour elle. Elle ne doit en échange que ses couleurs et ses parfums. S'il est vrai, selon les lois de la métempsycose, que la femme soit une rose glorifiée ou déchue, il est évident qu'elle s'insurge contre son origine toutes les fois qu'une pensée d'ambition l'entraîne à unir le mérite artistique ou littéraire à cet éclat bien assez prodigieux qu'elle a reçu en partage en se donnant la peine de naître. Ce sont les temps de la chevalerie qui m'ont fait concevoir cette opinion. A cette époque, un chevalier mourait pour la dame de ses pensées, un barde passait ses doctes veilles à composer des madrigaux en son honneur, mais jamais *la dame de beauté* ne s'avisait d'écrire ou de prononcer des discours, ou de soutenir des thèses. *Sapho*, le plus grand *bas-bleu* de l'antiquité, était une sorte de monstre qui n'était classé dans aucune catégorie.

L'esprit de la chevalerie comprenait sainement les choses. En épargnant à la femme le soin de l'étude, il anticipait en sa faveur sur les béatitudes du paradis, et l'offrait comme un hommage et une récompense à quiconque avait su la mériter par ses exploits. Mais à quoi bon revenir sur un âge oublié ? On ne croit plus à *Amadis de Gaule* que dans les féeries de l'Ambigu.

Nous disons donc, ce que nous aurions dû dire depuis longtemps, que Mlle Lefebure a exposé trois tableaux portant les numéros 211 et 212 sur le livret. Le n° 212, intitulé : *Consolation*, représente une jeune mère tenant son enfant sur ses genoux, en face d'un Christ suspendu à la muraille. Les cheveux de la jeune mère tombent en cascade sur son épaule. Ses yeux, d'un noir velouté, expriment ce sentiment de vague tristesse qu'il y a toujours dans la gaîté d'une mère. Tous ces détails sont rendus avec une délicatesse de touche, une vérité de couleur et un fini de dessin qui font le plus grand honneur à Mlle Lefebure. Ce tableau est, sans contredit, une des plus charmantes choses de l'exposition. Il suffirait à lui seul à l'ornementation d'un boudoir. Alphonse Karr et Toussenel ont décidément raison, quand ils ont prétendu que les femmes étaient faites pour briller par la peinture. Ce tableau, mieux que tous leurs solides raisonnemens, le démontre jusqu'à l'évidence.

Un homonyme de cette artiste, M. Gabriel Lefebure, a exposé, sous le n° 214, le portrait de M. Louis Enault, homme de lettres. Il y a huit jours, Enault écrivait dans la *Gazette de France*. Il est à présent à Jérusalem, et de la ville sainte il adresse au *Constitutionnel* de charmantes relations. Ce portrait est fort ressemblant, mais il est d'un coloris trop ardent. Il brille comme un bol de punch enflammé.

Si nous passons au n° 113 du livret, nous découvrons, couchée sur un canapé, *Sapho*, la dixième muse. Il y a quelques années, c'était une fureur d'apporter à l'exposition *Adam et Ève* dans le paradis terrestre. *Sapho* a pris leur place. Eh bien! franchement, c'est dommage. Nous préférions l'autre sujet, qui nécessitait des exhibitions de serpent et de verdure très-récréatifs pour les yeux.

Nous avons peine à comprendre le motif qui peut engager un artiste à faire choix de semblables sujets, fort difficiles à traiter et ne signifiant plus rien à présent. Il est vrai que la femme couchée sur le susdit canapé, qu'on a nommée Sapho, est susceptible de s'appeler tout autrement. Sa toilette, plus que légère, est la seule cause qui revendique ce titre. La couleur de cette toile est d'une nuance fausse ; on la dirait éclairée par un rayon de la lune. En changeant la teinte, en supprimant les draperies et en ne l'appelant pas *Sapho*, cet essai oriental serait plus acceptable.

M. Dumée, de Rouen, a exposé trois tableaux : *La Marchande d'Huitres* et deux vues de notre ville. Il y a dans ces deux derniers tableaux une exactitude et une vérité qui font honneur au pinceau qui a su les trouver.

IV.

Mme de Sévigné. — Mme Deshoulières.

Mais, objectera-t-on, qu'est-ce que Mme de Sévigné et Mme Deshoulières, dont il a été déjà trop question dans le précédent article, viennent encore faire dans celui-ci ?

Nous avions prévu cette objection, nécessaire à notre complète justification.

Il y a quelques jours, oubliant le musée, nous nous sommes immodérément consacré à Mme de Sévigné et à Mme Deshoulières. Eh bien, aujourd'hui, ce sera tout le contraire. Nous mentirons à notre titre, et, sans égard pour son indication, il ne sera pas dit un seul mot de ces deux dames de lettres.

Tous les Vernet ont adoré les chevaux, Charlet adorait les grognards, et M. Bellangé ne les aime pas moins. Or, M. Malenson adore la chasse, et ses œuvres justifient cette prédilection. S'il y avait des forêts pittoresques et des bois mystérieux, comme ceux qu'il peint sur ses toiles, je fuirais la ville pour passer mes jours sous leur feuillage. Les tableaux de M. Malenson sont tout à la fois des paysages et des scènes de chasse. La plus noble conquête que l'homme ait jamais faite, est celle de ce fier et fougueux animal qui partage avec lui les fatigues de la guerre et la gloire des combats, a dit Buffon dans sa magnifique description du cheval. Buffon a oublié la chasse, exercice auquel le cheval prend autant de part que le cavalier, qui lui presse les flancs de sa botte éperonnée.

En effet, qu'on observe les chevaux de M. Malenson, et l'on verra quelle animation et quelle ardeur les transportent. Dans une course, un cheval lancé à fond de train perd toute son élégance pour atteindre le suprême effort qui seul peut lui mériter le prix. Mais à la chasse, c'est bien différent. Il y a dans sa vitesse une sorte de retenue qui met pour ainsi dire en relief toutes ses perfections plastiques. Ses oreilles se dressent, ses naseaux lancent des flammes, et ses jambes piaffent par instant avec une mollesse que ne dédaignerait point la *Petra Camara*.

M. Malenson tient compte de tous ces avantages, et accorde à ses chevaux une attitude intelligente, par laquelle ils semblent exprimer qu'ils tiennent beaucoup à ne pas être confondus avec une locomotive.

Quant aux chiens que la chasse place évidemment dans leur plus favorable situation, ils sont dessinés de main de maître. Il est facile de se convaincre, en observant la hardiesse de leurs formes, les lignes fortement accusées de leurs pattes et de leurs têtes, qu'ils sont l'œuvre d'un amateur connaissant par cœur toutes les différences anatomiques des diverses races de ce quadrupède.

L'*Hallali au sanglier* (n° 252), l'*Hallali au Cerf* (n° 253), le *Rendez-Vous* (n° 256), sont des toiles très-vivantes, prises certainement sur le fait, c'est à dire au plus fort de la bagarre toujours bruyante et quelquefois périlleuse, qui, après avoir été le plaisir favori de Diane la déesse, est devenu celui des rois, puis enfin celui des hommes.

Les six toiles exposées par M. Malenson font honneur à son talent. Cet artiste occupe une belle place dans le musée. Nous avons encore admiré la fécondité de son pinceau ailleurs qu'à l'exposition ; mais dussions-nous passer pour un partisan trop acharné de la classification, nous reviendrons, dans un article spécial, sur les toiles qu'il a peintes dans un endroit bien connu dans la ville. On dit que ventre affamé n'a pas d'oreille ; mais on ne dit point qu'il soit privé d'yeux, différence grâce à laquelle M. Malenson est bien sûr de ne point passer inaperçu.

M. Gustave Morin, professeur de dessin de l'école municipale de Rouen, a placé à l'exposition quatre petits tableaux de genre : le *Tentateur* (n° 268), le *Secret des Filles d'honneur* (n° 269), le *Bibliomane* (n° 270), et l'*Antiquaire* (n° 271). Ce que nous aimons dans cet artiste, c'est le cachet particulier imprimé à toutes ses œuvres. C'est là un mérite incontestable qui, en maintes occasions, en littérature, en musique et en peinture, a suffi à lui seul pour établir une réputation.

La peinture de M. Morin ressemble à ces belles fleurs qui font craquer leur corset et qui étalent en désordre un torrent de couleurs et de reflets. Il doit être en extase devant Rubens. Ainsi peut s'expliquer la teinte particulière qu'on remarque dans toutes ses œuvres. La critique étant obligée, comme un témoin devant le juge, de proclamer toute la vérité, nous dirons que cette école a ses adversaires. On lui reproche par exemple de sacrifier le dessin à l'exubérance de la couleur. Il y a du vrai dans cette remarque, mais empressons-nous de dire que nous préférons l'excès de couleur à l'excès de dessin. En sacrifiant à la ligne, on s'éloigne du tableau et l'on aboutit au plan.

Le *Tentateur* représente une jeune fille près d'une fontaine, à laquelle un beau cavalier vient parler un langage très-*phœbus*. La petite moue dédaigneuse de la jeune fille exprime assez clairement que les perspectives éblouissantes dans lesquelles ce langage l'entraîne, pourraient bien, si quelque ange ne vient pas à son secours, la faire tomber dans l'abîme. Ce sujet est fort gracieux, et M. Morin a très-habilement saisi le nuage qu'un séducteur, par ses hardiesses, peut étendre sur ce charmant miroir qu'on appelle un visage de jeune fille.

Le *Secret des Filles d'honneur* représente un de ces groupes que l'imagination des faiseurs d'opéras-comiques place depuis vingt-cinq ans sous les charmilles des parcs. (Voir *Athénaïs de Solange* et ses compagnes dans les *Mousquetaires de la Reine*).

Quant à l'*Antiquaire* et au *Bibliomane,* ce sont deux types tranchés qu'on a rencontrés cent fois sur les quais de Paris devant l'étalage des bouquinistes et des marchands de curiosités. J'ai connu, pour ma part, un antiquaire tout à fait semblable à celui de M. Morin, qui avait réfléchi dix ans avant que d'acheter un crocodile suspendu par un fil au profond d'un magasin. Il en avait fait l'acquisition, disait-il, afin qu'il ne fût plus pour lui une sorte d'épée de Damoclès, qui, la nuit, troublait son sommeil par des rêves affreux.

Le *Passage du défilé de Ponary*, épisode de la campagne de 1813 (n° 308), est une œuvre qui fait honneur au talent de M. Sorieul. Ce jeune artiste se révèle dans ce tableau d'une façon tout à fait éclatante, et prouve qu'il a bien profité des leçons de M. Bellangé, dont il est, dit-on, l'élève. Pour bien comprendre le sujet traité dans ce tableau, nous citons la notice inscrite au livret :

« Le défilé du Ponary était devenu impraticable... D'après les
« ordres du maréchal Ney, le colonel comte de Turenne, officier
« d'ordonnance de l'Empereur, fait distribuer le trésor particu-
« lier de Napoléon.

« Ce dépôt, confié à l'honneur militaire, fut fidèlement rapporté
« à la caisse de l'armée, lors du retour en France. »

Il règne dans cette toile ce mouvement et ce désordre sans lesquels les sujets militaires n'existent pas. Ce qui nous plaît dans cette composition, c'est le néant et la déchéance de l'or proclamés par la désolation du lieu dans lequel des soldats engourdis par le froid, par la faim, par la misère, se le partagent. Ce métal, qui a fait commettre tant de sottises, apparaît comme une sorte de dérision au milieu de tous les maux qu'il ne peut soulager. M. Soricul n'a peut-être pas assez insisté sur cette idée qui pouvait donner à son tableau une physionomie très-originale.

Les personnages sont bien posés. Il y a de la profondeur dans les soldats qui entourent le fourgon. Enfin, il règne dans toute cette toile une teinte grisâtre qui porterait à croire que M. Soricul a minutieusement étudié cette lamentable lumière qui éclaire la Russie. Si cet artiste persévère, dans peu de temps il fera de bien belles choses.

Les *Assiégés de Rouen* (n° 173), de M. Hillemacher, ont, comme peinture historique, une incontestable valeur. Les horreurs que représente ce tableau se passaient en l'an de grâce 1418. Voici encore la notice du livret :

« On avait été obligé de mettre encore hors de la ville douze
« mille pauvres gens, vieillards, femmes et enfans; et comme
« les Anglais n'avaient pas voulu les laisser passer, ces malheu-
» reux étaient demeurés dans les fossés de la ville, où ils s'effor-
« çaient de se soutenir en mangeant des herbes sauvages ; mais
« ils mouraient chaque jour par centaines. Lorsque les femmes
« de cette troupe affamée accouchaient, on leur descendait un
« panier du haut de la muraille ; elles y plaçaient leur enfant,
« et, après qu'il avait été baptisé dans quelque église de la ville,
« on le leur descendait, car on ne pouvait le garder ni le nour-
« rir. »   (De Barante, *Histoire des Ducs de Bourgogne*.)

L'aspect de ce tableau offre à l'œil une teinte que nous n'hésitons pas à appeler *celle du désespoir*. Tout se fond dans le gris, qui est, ainsi qu'on le sait, la couleur qui précède la destruction. Les visages des hommes, des femmes et des enfans ont un cachet cadavéreux d'une repoussante vérité. Les deux personnages couchés près d'un brasier sont aussi *gueux* qu'il est possible de le souhaiter. La femme malade adossée le long de la muraille, a perdu le reflet de la vie. On dirait que l'affreux dénûment qu'elle endure a fait pousser sur ses joues de la mousse, absolument comme sur une pierre. M. Hillemacher, bien pénétré de toute l'horreur de la situation, n'a pas cherché à l'amoindrir. C'est après avoir médité tous les fléaux que la guerre pouvait amonceler qu'il a pris ses pinceaux et qu'il a retracé l'image des scènes désolantes décrites et racontées par les historiens.

M. Borely a exposé deux portraits : le sien et celui de Mlle Virginie Martin, artiste du Théâtre-des-Arts. L'auteur est fort ressemblant, mais Mlle Virginie Martin ne l'est pas au même degré, c'est d'autant plus regrettable, qu'une actrice, pour l'être assez, doit l'être deux fois, par la raison qu'elle est généralement très-connue, et, pour ainsi dire, sue par cœur. Ainsi il peut arriver qu'on ne connaisse pas Mlle A... ; mais il est impossible d'admettre qu'il en soit ainsi à l'égard d'une actrice qu'on voit au théâtre sur ce piédestal sans ombre et sans refuge qu'on appelle la scène.

Ce serait ici le lieu de placer la théorie de la lorgnette. Dans un salon, à la promenade, la politesse ne permet pas de lorgner avec obstination. Si on s'avise de prendre cette licence, formellement interdite par la civilité puérile et honnête, on ne le fait qu'en tremblant. Au théâtre, au contraire, cela est très-légitime et très-permis, et, pour le prix d'une stalle, on peut lorgner une artiste pendant les cinq actes d'une comédie, ce qui faisait dire à Déjazet, jouant un soir devant trois astronomes placés au premier rang de l'orchestre, que sans les étoiles et les actrices, les opticiens s'en iraient tous mourir à l'hôpital.

Il résulte de cette exception, dont usent si largement ceux qui ne rangent pas, avec saint Paul, la *concupiscentia oculorum* au nombre des péchés mortels, que tout portrait d'artiste doit être irréprochablement ressemblant. A sa prochaine création au théâtre, nous dirons à Mlle Virginie Martin, ou plutôt Mlle Virginie Martin dira elle-même, bien mieux que nous ne pourrions le faire, ce qui manque à son portrait.

M. Emmanuel Massé a exposé, sous le n° 263 du livret, une

Charge de Chasseurs à cheval. On aperçoit sur le second plan un escadron de chasseurs qui manœuvrent, et sur le premier un cheval qui a désarçonné son cavalier, et qui court avec cette superbe ardeur que retrouve le cheval quand il se sent affranchi de la main qui le dompte. Un premier coup d'œil suffit pour découvrir que l'auteur de ce tableau a fait une étude particulière de la cavalerie. La pose de l'animal est excellente. Le nuage de poussière qu'il soulève par ses bonds et ses écarts est très-habilement indiqué.

Massé est un élève de M. Picot. Il a été pris, au début de sa carrière artistique, d'un amour immodéré pour l'Algérie, où il est allé s'installer. Après avoir lorgné en Parisien pur sang, les belles Juives et les belles Mauresques d'Alger, il est parti un beau matin explorer le désert, escalader les pics les plus escarpés de l'Atlas, chasser le lion avec Gérard, et poursuivre les Arabes avec M. le maréchal Bugeaud. De retour à Paris, sa peinture est devenue exclusivement algérienne. Il a exposé au Louvre plusieurs tableaux assez estimés des connaisseurs, entre autres la prise du fameux parasol d'Abd-er-Rhaman à la bataille d'Isly. Massé, malgré ses premiers succès, a quitté un instant la peinture, mais la vocation s'est chargée de ramener l'inconstant au bercail. Il a peint aussi quelques tableaux religieux. On peut voir, si mes souvenirs sont exacts, une de ses toiles dans l'église d'Elbeuf. Massé est un garçon très-spirituel, auteur de tous les calembours de deux ou trois revues théâtrales

VI.

A force de circuler dans les galeries du musée, et de passer et de repasser sans cesse devant la multitude de toiles qui le décorent d'une façon si splendide, l'esprit se fourvoie et les yeux se troublent. Les tableaux semblent descendre de leurs cadres, et les personnages qu'ils représentent s'animer et se mouvoir pour former ensemble une sorte de ronde infernale, qui rappelle la danse macabre ou plutôt ces grands sabbats babyloniens qui firent autrefois tant de tapage sur la terre, qu'ils s'attirèrent la juste sévérité du ciel.

Ce désordre n'était pas dénué de charmes; il produisait au contraire çà et là des contrastes et des oppositions qu'il faudrait décrire avec la verve et l'esprit de Fontenelle. Ainsi, dans notre trouble, il nous a semblé que *Fleur-de-Marie* était allée trouver la *Sapho*, qui dort tout près d'elle. Nous regrettons beaucoup de ne pouvoir rétablir le dialogue qui s'est établi entre cette célébrité antique et cette célébrité moderne. Tout ce que nous pouvons dire, c'est que *Fleur-de-Marie* a reproché à *Sapho* d'avoir demandé aux accens de sa lyre les suffrages que n'avaient pu lui mériter les flammes de ses yeux, et qu'à l'aide d'un raisonnement très-simple, la naïve enfant a prouvé à cette docte dame, surnommée la dixième muse, que la beauté, uniquement la beauté, devait être la seule cause de toute illustration féminine ; que l'on demandait aux hommes de l'esprit et non des cheveux bouclés, et aux femmes des sourires gracieux, et non des madrigaux. *Sapho*, battue à plate couture, a prié le sommeil de verser sur elle ses pavots.

Non loin de là, les *Assiégés de Rouen*, de M. Hillemacher, se sont rencontrés avec les *Naufragés*, de M. Berthelemy. Si ces sujets n'étaient pas si tristes, nous dirions que tous ces grands débris se consolaient entre eux, et qu'ils se prenaient à constater que les hommes s'entendent si mal, que sur terre comme sur mer, ils arrivent presque toujours aux dernières limites de l'infortune. Nous passerons sous silence l'entrevue de *saint Antoine* avec une *coquetterie* au pastel qui, sans doute pour rendre l'épreuve plus périlleuse et plus méritoire, est allée le lutiner et réclamer la part du diable. Nous ne dirons rien non plus du *taureau beuglant* de Mlle Rosa Bonheur, marchant en tête de ce cortége imaginaire et servant d'orchestre à cette mêlée d'un nouveau genre.

A la fin cependant, le prisme qui interceptait nos regards, cesse de nous aveugler, et nous découvrons une toile admirable. Ce sont les *Guides* de M. Bellangé. On aperçoit sur le second plan l'image de l'Empereur Napoléon, dans ce milieu incertain et vague, qu'on pourrait appeler l'atmosphère de la gloire, que les grands poëtes, comme les grands peintres, savent étendre autour des héros. Contrairement aux lois de la perspective, les hommes illustres grandissent au fur et à mesure qu'ils s'éloignent dans l'histoire, ce qui explique pourquoi Napoléon-le-Grand, malgré tout le rayonnement de sa gloire, n'a point encore trouvé un chantre digne de lui, et l'attendra peut-être bien longtemps.

L'Empereur est précédé de deux guides à cheval, la carabine

au poing. Il est impossible d'imaginer quelque chose de plus vrai, de plus animé, de plus saisissant que ces deux personnages. M. Bellangé excelle dans ce genre de peinture. Il est peut-être possible de l'égaler, mais nous doutons fort qu'on puisse le surpasser. On éprouve, en regardant cette toile, un je ne sais quoi qui avertit le passant qu'il se trouve en face de l'œuvre d'un maître qui, à force de talent et de vocation, est parvenu à la châtier de toutes ces imperfections légères et pardonnables que comportent les talens d'amateurs, mais que repoussent les supériorités réelles et finies comme celle de M. Bellangé.

Quand cet artiste, que nous regrettons tous, habitait parmi nous, ses tableaux obtenaient de grands et légitimes succès ; à présent qu'il est loin, la moindre de ses toiles devient encore bien plus précieuse, parce qu'à la perfection artistique vient se joindre la poésie du souvenir. Nous regrettons de traduire si mal un sentiment que nous avons vu éclater partout autour de nous ; mais, quelque vague que soit notre langage, nous sommes bien sûr d'être compris et jugé sur nos bonnes et sincères intentions.

M. Berthelemy a exposé trois marines excellentes. Le tableau du naufrage du navire corsaire l'*Enfant-de-la-Patrie*, sur les côtes de Norwége, le 6 pluviôse an VI, exposé sous le n° 27 du livret, est une œuvre tout à fait magistrale. Pour bien apprécier les détails infinis groupés dans ce tableau, voici la notice inscrite sur le livret :

« Jusqu'au point du jour, Mozancourt et ses marins demeu-
« rèrent sur le rocher où ils étaient parvenus à se réfugier ; leurs
« vêtemens glacés ruisselaient d'eau, et cependant il leur fallut
« attendre dans la neige le lever de l'aurore. Quel spectacle s'of-
« frit à leurs regards ! En face d'eux, l'Océan, dont les montagnes
« blanchissantes achevaient de mettre en pièces l'*Enfant-de-la-*
« *Patrie,* réduit à quelques débris épars derrière eux. L'im-
« mensité des régions du Nord, avec ses neiges, ses glaces et la
« solitude désolée ; au milieu d'eux, un cadavre, celui d'un de

4

« leurs compagnons, mort de froid et de fatigue, et de tous côtés
« leurs camarades ne pouvant ni se contenir ni faire un mouve-
« ment; pas de vivres, pas de feu, et l'on ignorait dans quelle
« partie de la Norwége la tempête avait jeté le navire dunker-
« quois. »

Le désordre du naufrage et le désespoir des naufragés sont exprimés avec une vigueur et une vérité qui accusent un talent éprouvé et sûr. On se prend à frémir pour peu qu'on se recueille dans sa contemplation, preuve évidente que l'artiste a su atteindre son but. Cette marine est incontestablement une belle œuvre. Nous lui reprocherons cependant un défaut général dont M. Berthelemy ne se corrigera probablement jamais. Ce défaut consiste, selon nous, à exagérer le dessin, ce qui donne à cette peinture une physionomie anguleuse et criarde. Ainsi qu'on en juge dans les moindres détails, tout apparaît à angles droits. Il est vrai que cette rectitude, que nous reprochons sans être lié en aucune façon à l'école de M. Delacroix, est rachetée par une foule de grandes qualités, comme par exemple des prodiges de perspective et des vérités de couleur inspirés par une longue et patiente méditation des solitudes de la mer.

La *Plage de Bernières-sur-Mer* (Calvados), la *Vue du Conquet* (Bretagne), du même auteur, sont deux toiles également remarquables qui font honneur à M. Berthelemy, et qui placent cet artiste au premier rang parmi ceux qui ont pris part à l'exposition de cette année.

La *Vue prise à Morgate* (Finistère), exposée par M. Bentabole, est une des œuvres les plus remarquables de l'exposition. C'est la nature prise sur le fait avec une exactitude de détail et une vérité de teinte et d'aspect d'un effet saisissant. Le mamelon désolé que M. Bentabole a représenté, avec la mer se brisant contre sa base rugueuse et crevassée, est, qu'on nous passe cette expression, une belle horreur. Il y a des peintres qui ne s'arrêtent, dans leurs excursions, que dans les prairies émaillées de fleurs, ou dans les bois aux ombrages mystérieux. Ceux-là aiment la nature souriante. Il en est d'autres au contraire, armés d'un grand courage, qui semblent fuir les belles choses et n'apprécier que les gouffres. Ceux-là aiment la nature désolée. Eh bien ! M. Bentabole, quand il a composé sa *Vue de Morgate*, s'est arrêté devant un gouffre. Son regard a sondé la triste solitude d'une plage aride, battue sans cesse par les rafales du vent, abandonnée des hommes et visitée seulement par de pauvres pêcheurs. La perspective sur la mer est très-bien ménagée. La lumière glisse dans ses profondeurs de façon à rendre l'illusion complète.

Quant à la falaise ou la montagne, nous en admirons la teinte grise. Sa surface ressemble à ces pierres humides enduites d'une couche de petite mousse rabougrie ne pouvant ni vivre ni mourir. C'est bien là le genre de végétation des bords de la mer, causée, au dire des botanistes, par cette fumigation salée apportée par le vent.

Nous ferons compliment à M. Bentabole de la variété qu'il a eu le talent de semer sur la teinte uniforme de sa marine. Aussi, pour nous faire bien comprendre, nous admirons beaucoup les ombres vertes qu'il a su projeter sur la masse déjà verte de son tableau. Il faudrait que l'amour de la peinture fût complétement éteint à Rouen, pour que cette toile retournât à Paris.

Puisque nous en sommes sur les *marines*, nous signalerons à l'attention des amateurs un *Naufrage* exposé sous le n° 318, par M. Tuite. Nous dirons, à la louange de cet artiste, que son œuvre peut supporter la comparaison avec celles de MM. Bentabole et Berthelemy.

Dans un prochain article, nous terminerons cette revue du musée. La critique est un cadeau fort médiocre pour des artistes. Il y a longtemps que nous avons acquis cette vérité ; mais ce qui leur sera bien moins indifférent, c'est le projet que deux amateurs éclairés des arts viennent de former, et auquel nous sommes heureux de prêter notre publicité. On trouvera l'exposé de ce projet dans notre chronique locale.

VII.

M. Calame, de Genève, a exposé un seul tableau sous le n° 61 du livret, intitulé : *Paysage, vue de Suisse*. Ceux qui sont allés visiter ce sol abîmé par les cataclismes, que la dernière heure du chaos a placé au milieu de l'Europe, sont frappés de la vérité d'aspect qu'ils retrouvent sur cette toile, qui a dû être dessinée et peinte par un artiste égaré au milieu des horreurs qui forment ce que le guide des voyageurs a coutume d'appeler *les beautés de la Suisse*.

Nous nous garderons bien de rien dire contre l'attrait irrésistible qui attire vers les glaciers, les montagnes, les ravins et les torrens de la Suisse, toute personne à la tête de cinq cents francs et de trois semaines de liberté, voulant perdre un peu de vue le clocher de son village, et se ménager la satisfaction future de raconter dans les salons ses impressions de voyage. Ce plaisir est par lui-même trop innocent pour que nous osions de blâmer. Mais, puisque l'occasion s'en présente, est-ce que ce serait se mettre une bien lourde faute sur la conscience que de prendre sa revanche de l'ennui colossal qu'ont fait endurer ceux qui sont allés en Suisse à ceux, plus nombreux encore, qui n'y sont point allés?

N'est-ce pas, mon cher lecteur, que déjà plusieurs fois, dans le cours de votre existence, vous avez été soumis au supplice d'entendre une personne dénuée d'élocution, vous raconter son voyage en Suisse. J'ai, par complaisance, corrigé les épreuves d'un livre écrit par un touriste et portant pour titre : *Voyage en Suisse, le sac sur le dos, moyennant cinquante écus.* L'auteur oubliant ce service, m'a raconté pendant quatre ans tout ce qu'il y avait dans son livre. En vain je lui rappelais que je l'avais lu ; il ne tenait aucun compte de mon observation, et pour toute réponse parlait avec fureur du pic du Righy, du lac de Genève et de la chapelle de *Guillaume Tell*. Plutôt que de perdre leur temps à faire tourner des tables, les savans devraient bien expliquer la cause de la ténacité que mettent tous les voyageurs à partager leurs richesses, c'est à dire en style de *guide*, leurs souvenirs. Mais ce que nous disons là ne s'applique pas au tableau de M. Calame, qui est une des plus belles œuvres de l'exposition, et dans lequel on reconnaît cette touche du maître qu'il est presqu'impossible d'atteindre.

Sous le n° 103 du livret, M. Alfred de Dreux a exposé un *Cheval échappé.* Cet artiste s'est créé une spécialité dans les arts en peignant des amazones et des *King's charles*. On peut dire que sa peinture a plus fait pour l'équitation que Baucher, Franconi, Pellier et tous les écuyers de Paris. En effet, rien n'est gracieux comme une femme bien posée sur son cheval, et si à présent au bois de Boulogne on aperçoit çà et là de gracieuses amazones, c'est à M. Alfred de Dreux que nous devons ce progrès. Les écuyers et les couturières, guidés par ses tableaux, ont, les uns, indiqué à leurs élèves une pose naturelle et résolue, les autres inventé des costumes historiés remédiant par des crevés et des galons à la massive lourdeur du drap vert. M. Alfred de Dreux en était à sa troisième amazone en peinture, que déjà, aux

Champs-Elysées, on voyait passer des petits démons aussi charmans que ses peintures, maîtrisant avec une main gantée comme pour le bal, l'ardeur de leurs coursiers, et de force à sauter les ravins comme Talestris, à chasser les taureaux sauvages comme Hermangarde à côté de Charlemagne, voire même à affronter les périls de la guerre comme Mlle de Montpensier.

En même temps que M. Alfred de Dreux amenait ce progrès, il nous délivrait pour toujours de ces grosses demoiselles aux joues empourprées par la peur, la tête couverte d'un chapeau noir ne différant en rien de celui d'un commissaire-priseur, et chevauchant gauchement au milieu de domestiques effarés, comme un éléphant avec son cornac. Nous remercions beaucoup M. Alfred de Dreux d'avoir substitué ses amazones à la taille lancinante, aux longs bandeaux crevés, aux échantillons que nous venons de décrire.

Son *Cheval échappé* est peint avec beaucoup de vigueur et trahit la touche de l'artiste qui a composé les tableaux qu'on admire depuis quatre ou cinq ans dans les beaux salons de M. le comte de Morny.

M. Renout a exposé, sous le n° 292, les *Ruines de Jumiéges*. C'est là un sujet qui fait honneur à son bon goût. Grâce à lui, une des plus belles choses, artistiquement parlant, de la Normandie. est représentée à une exposition normande. Il y a, dans cette peinture, des incorrections; ainsi, M. Renout a eu le tort de ne pas comprendre dans sa toile le point culminant des ruines; mais la couleur est bonne et surtout très-vraie. Le XIXe siècle a construit beaucoup de chemins de fer, dont les vestiges feront sans doute très-bon effet dans mille ans, alors que la locomotion aérienne sera trouvée; mais nous doutons qu'il laisse où que ce soit des ruines aussi majestueuses que celles de Jumiéges.

Sous le r.° 127, M. Flandin a exposé une vue de Constantinople et du quartier Turc, prise en face des mosquées de Soliman et de la sultane Validé.

La peinture de M. Flandin possède des reflets brillans d'une hardiesse et en même temps d'une vérité qui font honneur à son talent. *Héliopolis* ne fut pas la seule ville du soleil. Constantinople revendique sa part, et c'est pour cela que M. Flandin l'a placée dans un bain de lumière qui, au premier abord, étonne les habitans du Nord, peu habitués aux clartés orientales, mais qui n'a rien d'exagéré pour ceux qui sont allés visiter ce domaine de l'Aurore qui a chassé la nuit dans un exil perpétuel. Le jour, à Constantinople, ne ressemble pas à cette lueur incertaine et tremblante perdue dans les brouillards de Londres et d'Amsterdam, que le gaz éclipse et remplace avec tant d'avantage. Le jour oriental est scintillant et pailleté, à tel point qu'il faut le tempérer et l'adoucir. Si l'on négligeait cette précaution, il brûlerait les yeux qui s'aviseraient de le contempler.

M. Flandin explique bien cette différence, dans sa *Vue de Constantinople*, par ce reflet d'or et d'ambre qu'il projette sur les mosquées et sur la surface des eaux. Sa peinture est pour ainsi dire suspendue sur des spirales oscillantes comme ces images placées au-dessus de l'atmosphère d'un fourneau. Sérail, harem et mosquées endurent et comportent l'incandescence dans cette latitude. Mais assez sur Constantinople ; constatons que le tableau de M. Flandin est magnifique, et renvoyons ceux qui voudraient plus de détails à la question d'Orient, qui leur en fournira sur ce sujet plus qu'ils n'en peuvent désirer.

Les deux petits tableaux envoyés de Paris par M. Bellangé sont charmans d'esprit et d'exécution. L'un représente un bon paysan normand bien campé sur son cheval, fumant sa pipe et ayant en croupe sa ménagère, à laquelle le soin de se cramponner, pour ne pas tomber, fait perdre son parapluie, ses pommes et tout ce qu'elle a dans ses poches. Il y a dans le rire franc et ouvert de ce paysan, dans les joues rebondies de sa ménagère un cachet d'exactitude et de vérité qui prouve que M. Bellangé sait par cœur tous les échantillons de la race normande.

L'autre tableau représente un cuirassier sortant d'une chaumière, où il a été logé, et envoyant du haut de son cheval un baiser tendre à l'hôtesse fort désolée de voir partir un si brillant vainqueur. Sur le second plan, un autre militaire raconte quelque fadeur à une grosse paysanne en bonnet rond.

On dit que le vrai seul est aimable, ce qui explique le charme qu'on éprouve en regardant les tableaux de cet artiste. Mais à quoi bon discourir, est-ce que nous ne prêchons pas des convertis, en proclamant à Rouen le beau talent de M. Bellangé?

M. Horace Vernet a exposé une petite toile représentant un brigand italien visé à bout portant par un gendarme, au moment où il détrousse un timide passant. La ville de Rouen, eu égard à la prodigieuse fécondité de ce grand artiste, avait peut-être le droit de prétendre à un tableau d'une plus grande dimension. Ceci est un détail. Il y a des sonnets qui valent un poëme épique, comme il y a des miniatures préférables à des coupoles. M. Horace Vernet a figuré à l'exposition de notre ville. C'est là le principal, nous n'en demandons pas davantage. Quand on a peint autant de chefs-d'œuvre, on est au-dessus de la critique. Il plairait à M. Horace Vernet de se faire à l'avenir peintre en bâtimens, que ce serait un devoir pour les esprits artistiques d'admirer la couche de peinture uniforme qu'il aurait appliquée sur un contrevent.

M. Lulvès a exposé, sous le n° 248, *Van-Eyck, regardé comme l'inventeur de la peinture à l'huile, consultant ses amis sur un premier essai.* Ce tableau, qui n'est pas sans valeur, se trouve au musée de Rouen dans une situation assez singulière. Tout près de lui, dans notre musée, il y a un magnifique tableau de Van-Eyck, dans lequel cet artiste s'est peint avec sa femme, ses enfans et sa servante. Il va sans dire qu'il est très-ressemblant. Est-ce que M. Lulvès n'aurait pas dû copier les traits de Van-Eyck, et substituer sa physionomie réelle à celle de fantaisie qu'il lui a donnée? C'est ainsi, nous le croyons fermement, qu'il aurait fallu procéder au musée de Rouen.

La chapelle de la Vierge, à l'église de Bonsecours, et le *Mariage de la Vierge,* exposés sous les n°ˢ 67 et 68, sont deux belles aquarelles de M. Armand Cassagne, artiste de mérite, qui a quitté notre ville pour s'envoler à Paris. La spécialité de cet habile dessinateur nous paraît destinée à prouver à nos contemporains que l'art de faire des missels n'est pas plus perdu que celui de faire des vitraux pour les églises.

Si j'avais l'insigne honneur d'être archevêque, je commanderais à M. Cassagne un livre de prières, dont je voudrais qu'il encadrât chaque page avec les ornementations religieuses dont il a trouvé ou inventé le modèle. En lui accordant une pension sur ma cassette archiépiscopale, et un laps de vingt ans, il me livrerait à ce moment un Missel tout aussi prodigieux que cette merveille déposée à la Bibliothèque, qui fait l'étonnement des étrangers.

Les gens de lettres ont l'incroyable idée de placer à l'exposition universelle de 1855 un livre devant contenir sous sa couverture, des vers harmonieux, de la prose élégante, des gravures à l'eau forte, une reliure en maroquin, bariolée de dorures et d'arabesques. Il fallait laisser cette mission aux libraires, ou exposer un Missel comme celui que possède Rouen, ou comme celui de Louis XIV, qu'on voit encore dans la chapelle de Versailles, et charger M. Cassagne de l'exécuter. Nous aurions compris ce projet, qui eût enrichi l'exposition d'une belle chose dont elle sera très-probablement dépourvue.

Il est impossible de ne pas reconnaître, à la première vue, la chapelle de la Vierge de l'église de Bonsecours. M. Cassagne a tenu compte des plus petits détails avec une exactitude *daguerréotypienne* (qu'on nous permette cette expression). Ses costumes géorgiens, dessinés par un procédé chromolithographique, méritent aussi une mention particulière.

Tout près des dessins de M. Cassagne, on aperçoit des paysages lithographiques de M. Champagne, parfaitement traités, et qui témoignent des progrès immenses que l'art et l'étude ont accomplis.

M. Duboc a exposé deux portraits et trois paysages. Le portrait de M. le docteur..... Lecoupeur, à quoi servent les initiales en pareille occasion, porte un certain cachet de vérité, qui, bien que peu flatteur à l'œil, n'en a pas moins de valeur pour cela. La peinture de M. Duboc est grise ; elle repousse avec une sorte d'aversion les reflets trop brillans. Cette tendance vers le terne, fort discutée dans les écoles et les académies, a été admise par de très-savans artistes, comme une qualité plutôt que comme un défaut,

Il nous faut encore revenir sur les belles œuvres de M. Court, qui les multiplie chaque jour, à la grande satisfaction des amateurs. M. Court a exposé, depuis l'ouverture du musée, quatre nouveaux portraits. Parlons d'abord de celui de M. Barbet.

Ainsi qu'on le devine, il s'agit d'un portrait de famille destiné à passer de la génération actuelle à celle qui doit lui succéder. M. Barbet est représenté en costume de pair de France, avec toutes ses décorations. Quoique bien jeune alors, nous nous rappelons avoir vu siéger M. Barbet à la chambre des pairs, ce qui nous permet d'apprécier l'exacte vérité de sa pose et de sa physionomie. On dirait vraiment que M. Court, caché dans une tribune de la chambre des pairs, a fait ce portait pendant la durée des séances.

Cette observation peut également s'appliquer au portrait de M. Dupin aîné, président de l'assemblée législative. C'est bien là cet homme dont le *Moniteur* a tant parlé, lorsque, debout sur son siége présidentiel, il essayait de comprimer, avec sa sonnette, les orages parlementaires amoncelés à l'horizon. M. Court a conservé au visage de M. Dupin l'expression satirique de sa bouche, et la docte protubérance de son front de penseur.

Le pinceau de M. Court passe avec une merveilleuse facilité du grave et du sérieux des types parlementaires, aux contours délicats et gracieux de la figure d'une jolie femme, et retrace avec une égale supériorité les rides majestueuses que l'étude imprime sur les fronts qui pensent, et ce duvet précieux que la jeunesse sème à profusion sur les joues qui fascinent. On ne peut concevoir une transition plus brusque et plus intense que cette pérégrination du pinceau étendue de la figure d'un académicien à celle d'une rosière.

Eh bien ! allez au musée, et vous verrez que M. Court a réussi ce miracle. Tout près de M. Dupin, on aperçoit deux portraits de femmes auxquelles nous souhaitons un miroir aussi flatteur que les toiles dans lesquelles elles sont encadrées. Pour être à la hauteur de telles œuvres, il ne faut point penser soi-même, mais appeler Lamartine ou Musset à son secours, et murmurer en les regardant leurs strophes les plus harmonieuses. Magnificences d'épaules, noblesses de lèvres, splendeurs de regards, éclats de distinction, dédains superbes, hardiesses de sourcils, vous que les poëtes ne nous ont qu'indiqués vaguement dans leurs stances, M. Court vous a tous ravis aux visages sur lesquels son talent d'artiste est allé butiner, puis il vous a fixés sur la toile pour nous éblouir et faire de nous tous autant de Pygmalion.

Que m'importent les critiques graves qui sont venus me chanter sur tous les tons, qu'en peinture, le portrait était un genre de second ordre. M. Court fait mentir le précepte, et auprès de ses portraits tout pâlit, même la peinture historique. Je donnerais l'*Enlèvement des Sabines*, *Romulus et son casque*, pour une des boucles de cheveux de sa petite fille blonde, et la scène du *Déluge*, pour les sourcils de sa belle dame brune.

VIII.

Encore quelques jours et l'exposition sera fermée. Toutes les toiles groupées çà et là reprendront, les unes, le triste chemin de l'atelier ; les autres, le sentier glorieux qui conduit à la demeure de l'amateur qu'elles sont parvenues à séduire. Ce contraste représente ce que l'on pourrait appeler la grande bataille de la vie. La fortune est une bonne fille, mais elle ne saurait l'être pour tout le monde sans cesser d'être la fortune. Il faut avoir concouru pour être bien pénétré de cette vérité.

Qui sait combien de temps ces tristes réflexions auraient assombri nos esprits, si un motif de distraction n'était venu à notre secours. Nous parcourions la salle Jouvenet, lorsqu'arrivé près d'une fenêtre nous avons découvert un petit portrait encadré. Il représentait un jeune homme blond comme Apollon, mais orné d'un nez infiniment plus long que celui accordé par la fable à ce dieu du jour. Les réflexions d'un genre peu bienveillant commençaient à nous monter à la tête. Nous nous demandions comment il se pouvait qu'un artiste eût exposé dans un si petit cadre un monsieur qui avait un si grand nez. Mais, lisant le programme, il se chargea de nous apprendre que nous étions en face de Hyacinthe, comique actuellement au théâtre du Palais-Royal, l'illustre créateur de Gringalet des *Saltimbanques*, et de Faucheux, du *Maître d'Ecole*. Pascal a dit quelque part que si le nez de Cléopâtre avait eu un pouce de plus, la république romaine existerait peut-être encore. Eh bien ! si Hyacinthe, à l'inverse de Cléopâtre, avait eu le nez un pouce moins long, il est probable que cet artiste, qui a désopilé tant de gens, n'aurait fait sourire personne. Hyacinthe est et restera célèbre à cause de son nez, comme Cendrillon l'est à cause de son pied, et il y a lieu de croire qu'on montrera aux générations futures la pantoufle de l'une à côté des lunettes de l'autre.

La contemplation de cette protubérance nous ayant rendu toute notre gaîté, nous avons voulu passer une dernière fois en revue les œuvres des artistes. Au bout de la grande galerie, nous avons admiré les belles statuettes en plâtre que M. Fulconis doit placer à l'église de Bonsecours. Nous nous sommes arrêté devant les charmantes gravures que M. Legrip a introduites à l'exposition, et nous avons constaté une fois de plus l'amour dont il est pénétré pour les belles choses, et pour les artistes, auxquels il rend de si grands et si précieux services, par la manière dont il sait faire valoir leurs œuvres et les mettre sous les yeux des amateurs capables de les apprécier et de les acquérir.

Malgré la longueur de ce que nous avons écrit sur le Musée, il se trouve des artistes dont nous n'avons ni indiqué ni discuté le mérite. C'est là un tort qu'il nous a été, pour ainsi dire, impossible d'éviter. Le hasard seul a décidé de notre silence. Pour nous faire absoudre de tous nos torts, nous rappellerons aux artistes que s'ils perdent peu de chose à ce que les critiques se taisent, en revanche, ils peuvent gagner beaucoup, lorsque, comme depuis deux jours, des amateurs intelligens parcourent les galeries de l'exposition et choisissent les tableaux qu'ils ont mission d'acheter. — Il y a même là, dirait un partisan du système de M. Azaïs, une ample compensation.

IX.

Autre Salon, autre Revue.

Nous tiendrons parole à M. Malenson, et nous suivrons son pinceau partout où il aura laissé les traces de son passage. Or, il nous faut quitter un instant le musée et nous transporter dans les salons d'un restaurant, lieu périlleux pour la peinture, qui doit, dans cet endroit-là, se bien garder de ressembler à ces objets qu'il arrive de voir errer sur les tables, après le repas des gourmets qui ont mangé plus de beurre que de pain.

Les salons de M. Lepec, restaurateur sur le cours Boïeldieu, tout près de ce phare aussi peu lumineux que merveilleux, sont ornés de sujets de chasse et de pêche peints par M. Malenson.

Avant que d'arriver à l'appréciation de ces sujets, il n'est pas sans à-propos de signaler la phase heureuse dans laquelle les progrès de ce siècle semblent vouloir faire entrer les beaux-arts.

Pendant longtemps on ne connaissait, dans les restaurans et les cafés de bas étage, qu'un seul ornement d'une nature si vivace, qu'il en reste encore à présent des échantillons. Autrefois, à la porte de tous les endroits où il était donné à boire et à manger, on apercevait une sorte de gravure à la couleur violente, faite sur papier bleu et qui servait d'enseigne et de réclame à la bière *toujours de mars*, vendue pendant les douze mois de l'année. Près d'un hussard flambant et d'un sapeur excessivement troubadour, on apercevait une bouteille de bière, dont la fermentation faisait sauter le bouchon dans les airs. La mousse, après avoir jailli au plafond, retombait en parabole complaisante dans un verre à cabaret. Cette gravure, adoptée par toute la France, se vendait par centaines de douzaines à la foire de Beaucaire, et était même un des articles les plus considérables apportés sur cette place.

Hélas! tout passe en ce monde. Encore quelques années, et il sera complétement impossible d'acheter, même au poids de l'or, un exemplaire de cette image qui a été collée sur tant de contrevents.

A Paris, les restaurateurs en progrès ont, par dédain pour l'enseigne de la bière de mars, inauguré dans leurs vastes salons, un genre de peinture plus relevé. On se rappelle les pyramides d'écrevisses, les pendaisons de bécasses, et les guirlandes d'éperlans étalés majestueusement sur les panneaux vitrés du grand salon et des cabinets particuliers.

M. Lepec est allé plus loin; et, confondant dans un égal dédain la gravure de la bière de mars avec les fioritures d'éperlans et d'écrevisses, il a choisi un artiste, et l'a chargé du soin de peindre des tableaux de chasse et de pêche sur les murs de son établissement.

M. Malenson s'est mis à l'œuvre, et, sur tous les endroits laissés libres par le jeu des portes et la nécessité des fenêtres, il a laissé courir son pinceau. Là, c'est un chasseur visant une perdrix, ici un pêcheur qui tend ses filets; le tout disposé de manière à faire comprendre au gourmet qui commande son dîner, dans quels endroits se trouvent les animaux qui sortent frits ou en capilotade des mains du cuisinier. Dans tous ces tableaux, on reconnaît la touche de M. Malenson. Nous recommandons aux amateurs, ou plutôt aux dîneurs, la petite barque qui glisse comme le zéphir sur une onde fuyant dans le lointain, en lézard effrayé.

Et pendant que nous y sommes, nous parlerons aussi des tableaux peints par M. Lacoste, artiste qui a travaillé à la décoration de l'Opéra. Ils représentent les quatre élémens et les quatre saisons. Ce sujet n'est pas neuf, mais il est bien traité. Nous préférons du moins, sur cette peinture, l'*Hiver* de M. Lacoste à son *Eté*. Les quatre élémens apparaissent au milieu des emblèmes traditionnels, qui, cela est convenu, représentent le rôle qu'ils jouent en ce monde.

Tous les travaux exécutés chez M. Lepec ont été dirigés par M. Lebrun, Rouennais d'origine, qui occupe à Paris une place distinguée comme architecte.

Que l'exemple de M. Lepec soit imité, et les artistes se réjouiront. Nous verrons dans cette imitation une tendance à vulgariser l'art, en même temps qu'un espoir de trouver bientôt de la peinture véritable ailleurs que dans les musées ou les salons des millionnaires.

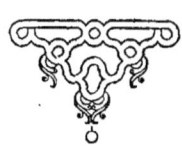

www.ingramcontent.com/pod-product-compliance
Lightning Source LLC
LaVergne TN
LVHW051515090426
835512LV00010B/2534